Ioana Predescu

Să ne cunoaştem

la interviu

Despre interviuri, pentru candidaţi şi "intervievatori"

Tehnoredactarea şi corectura : autoarea

ISBN-13: 978-1492936473

CUPRINS

Introducere

CAP.I   **Sunt angajatul ideal** 7

1.1 Fiți conștient de propria valoare 11

1.2 Fiți conștient de propria personalitate 17

1.3 Fiți foarte sigur de ceea ce vă doriți în carieră 21

1.4 Comportați-vă în conformitate cu ceea ce doriți să obțineți 24

1.5 Faceți o selecție 28

1.6 Creați un CV câștigător 32

1.7 Mergeți la cât mai multe interviuri 33

1.8 Mergeți cu lecția învățată 42

1.9 Căutați să aflați detalii suplimentare 45

1.10 Provocați feed-back-ul unui interviu 50

CAP.II   **Se caută angajatul ideal** 53

2.1   Imaginea contează. 60

2.2   Respectați-i pe candidați 65

2.3   Pregătiți-vă pentru interviu 69

2.4   Evitați clișeele 73

2.5   Fiți sincer 78

2.6   Folosiți eficient timpul de interviu 83

2.7   Fiți conștient de mediul în care lucrați 87

2.8   Evitați discursurile cu păreri personale 91

2.9   Luati notite 95

2.10 Zâmbiți 97

INTRODUCERE

„Cât timp vei continua să crezi ceea ce ai crezut și până acum, vei obține tot ceea ce ai obținut și până acum"
Mark Victor Hansen

Conform DEX[1], interviul este o *convorbire în cursul căreia un jurnalist pune întrebări unei persoane cu intenția de a publica în presă sau de a difuza la radio, televiziune această convorbire.* Deci personajul principal al interviului nu este cel care pune întrebările, ci acela care răspunde la ele, nu?

Candidatul este deci cel important, ați zice. Și aveți perfectă dreptate. Angajatorul l-a chemat la interviu pentru a-l cunoaște mai bine, deoarece are nevoie să ocupe un post vacant. Angajatorul, de cele

---

[1] Dicționar Explicativ Pentru Elevi, Editura Litera International, București 2003

mai multe ori, se află în deficit de personal atunci când conduce interviurile. Aşadar, intervievatorul este presat de timp, deoarece compania nu va putea „funcţiona" la parametri normali decât atunci când posturile vor fi complet şi corect ocupate. Candidatul trebuie „doar" să arate angajatorului că el[2] este cel mai potrivit pentru acel post.

Totuşi, angajatorul este cel care face selecţia. O sumedenie de candidaţi (sau... nu?) şi-au manifestat dorinţa de a lucra în cadrul companiei care, acum, trebuie să se decidă pe cine va angaja. Deci angajatorul este cel important. Şi cum rămăne cu importanţa candidatului? Şi atunci cine pune întrebările?

Este un obicei larg răspândit ca întrebările să fie puse de către angajator. Contrar definiţiei semantice a interviului, acest lucru conferă angajatorului atuul şi impresia că persoana care candidează nu are alternative. De fapt se şi recomandă candidaţilor, în numeroase lucrări de prestigiu, ca pentru a avea şanse de izbândă, să-şi manifeste entuziasmul de a lucra în

---

[2] Am folosit pronumele personal persoana a IIIa singular masculin pentru a se acorda cu genul substantivului "candidat", fără nici o intenţie de discriminare

cadrul companiei respective. De cele mai multe ori, însă, candidații nu prea știu pentru ce se entuziasmează, deoarece nu se obosesc să se intereseze înainte de interviu, nici măcar pentru ce companie candidează; cu atât mai puțin despre detalii legate de aceasta. Și în eventualitatea în care sunt admiși constată că noul loc de muncă nu este chiar ceea ce s-au așteptat și apar dezamăgirile. Atunci se nasc situațiile de genul „la interviu nu mi-ați spus că...." urmat inevitabil de „nu era necesar" sau „nu ați întrebat". Culmea este că ambele părți au dreptate – de fapt, ei nu „s-au cunoscut" pe parcursul interviului, deși acesta era obiectivul major.

Mai mult, numeroase lucrări de specialitate recomandă candidaților cum să se îmbrace, cum să se poarte, cum și ce să vorbească pentru a proiecta asupra angajatorului imaginea potrivită. Apoi, odată ce candidatul a fost admis, el revine la comportamentul său natural iar angajatorul constată că noul angajat și fostul candidat selectat sunt două persoane total diferite.

Să recapitulăm ceea ce am constatat până acum:

Candidatul este foarte important într-un interviu

Angajatorul este foarte important într-un interviu

Dacă încercăm să părem altceva decât suntem, vom obţine altceva decât ne dorim

Azi companiile sunt din ce în ce mai conştiente că procesele de recrutare şi selecţie pot fi cheia succesului sau insuccesului lor, dar candidaţii realizează oare că locurile de muncă pentru care se înscriu formează linia carierei lor? Fac ei vreo selecţie a posturilor pentru care candidează? Există oare vreun motiv anume pentru care ei trimit CVul la o companie sau alta?

Vom trata în continuare interviul din ambele puncte de vedere şi vom vedea atuurile ambelor „tabere".

Întrucât această carte se bazeaza pe experienţa mea personală, bibliografia lipseşte, dar pe parcursul textului, am făcut câteva referiri la lucrări cunoscute, pe care le-am trecut în notele de subsol.

SUNT CANDIDATUL IDEAL!

„Nu voi fi un om obișnuit pentru că am dreptul să fiu extraordinar"
Peter O'Toole

De câte ori nu v-ați trezit dimineața plini de entuziasm pentru că aveați un interviu care sperați să se concretizeze în angajare? Ați plecat încrezători, ați ajuns la interviu la ora programată, ați fost zâmbitori și binevoitori cât timp ați răspuns cu răbdare la toate întrebările, și după binecunoscuta „Vă mulțumim că ați venit. Vă sunăm noi în câteva zile." ați plecat așteptând deja nerăbdători presupusul telefon care să vă anunțe că ați fost selectat.

Timp de câteva zile v-ați gândit la noii colegi, la noul salariu, v-ați făcut planuri de viitor etc.

Apoi zilele s-au scurs și telefonul nu a venit. Ați început să vă gândiți la posibile motive pentru care telefonul întârzie, dar când ați început să le epuizați, adevărul v-a dezamăgit: nu fuseseți selectat.

Desigur, ați dori să știți de ce. Dar atunci când îl primiți, răspunsul este de obicei: „A fost selectat altcineva cu mai multă experiență în ceea ce privește sarcinile specifice ale postului".

Ce vrea angajatorul să spună este de fapt „A fost selectat altcineva ale cărui aptitudini și experiență ne-au fost *astfel prezentate* încât suntem convinși că este persoana potrivită."

Dar dacă ați putea influența în mod conștient rezultatul unui interviu? Cum? Începeți cu dvs.:

1. Fiți conștient de propria valoare
2. Fiți conștient de personalitatea dvs.
3. Fiți foarte sigur de ceea ce vă doriți (în carieră)
4. Comportați-vă în conformitate cu ceea ce vă doriți
5. Faceți o selecție
6. Creați un CV câștigător
7. Mergeti la cat mai multe interviuri
8. Mergeți cu lecția învățată

9. Folosiţi interviul pentru a afla detalii suplimentare

10. Provocaţi feed-back-ul unui interviu

Vom detalia in continuare cele 10 puncte esenţiale.

1. Fiţi conştient de propria valoare

Propria valoare este ceea ce vă diferenţiază de ceilalţi candidaţi. Desigur, dvs. nu-i cunoaşteţi pe ceilalţi candidaţi, dar fiţi sigur că există o ierarhie. Angajatorul face o ierarhie şi decide în funcţie de ea.

Deşi „adevărul este ca uleiul - iese întotdeauna la suprafaţă", e bine să-l mai şi ajutăm câteodată. Primul lucru este de a fi conştient de calităţile şi defectele dvs. profesionale.

Aţi studiat, v-aţi pregătit ani de zile într-un domeniu, aţi mers la facultate sau la şcoli tehnice unde aţi dobândit cunoştinţe şi aptitudini. Trebuie să „expuneţi" aceste cunoştinţe şi aptitudini.

Desigur, valoarea se îmbunătăţeşte continuu. Oamenii ambiţioşi, care vor să reuşească în viaţă studiază în continuu, se perfecţionează permanent.

Dar valoarea pe care v-o daţi singur va fi punctul de plecare al valorii pe care v-o dau ceilalţi. Dacă nu vă consideraţi un profesionist, probabil că nu sunteţi, dar atunci trebuie să vă revizuiţi ambiţiile profesionale.

Începeţi aşadar prin a fi pe deplin conştienţi de propria valoare. Atunci când vă veţi cunoaşte cu adevărat locul în breaslă veţi înţelege mult mai uşor multe aspecte ale vieţii dvs. prezente şi viitoare.

Să facem un exerciţiu: închideţi ochii şi gândiţi-vă la ceea ce ştiţi să faceţi cel mai bine. Apoi imaginaţi-vă făcând acel lucru. Imaginaţi-vă rezultatul muncii dvs. pe care o preţuiţi cel mai mult. Acum uitaţi-vă în oglindă şi vedeţi schimbarea de pe chipul dvs.

Atunci când atenţia dvs. este concentrată pe reuşite, întreaga fiinţă a dvs. resimte efectele benefice ale succesului. Veţi fi mult mai optimişti, mai flexibili, mai receptivi, mai plăcuţi şi veţi avea din ce în ce mai mult succes.

Mențineți și perfecționați aceste calități profesionale și veți resimți succese în cascadă. Dedicați 30 de minute pe zi studiului și veți vedea efecte spectaculoase. Cei din jurul dvs. vor observa schimbările benefice și se vor apropia de dvs.

*****

Acum să ne gândim – obiectiv – la punctele dvs. slabe. Luați un caiet pe care îl veți denumi „cariera mea". Scrieți pe prima pagină, mare și caligrafic, ce vă doriți să obțineți în viața profesională. Care este obiectivul dvs. final? Ce visați să deveniți?

Dați pagina și scrieți aptitudinile și cunoștințele care credeți că vă sunt necesare ca să ajungeți acolo și să vă mențineți. Lăsați această listă deschisă – pe măsură ce trece timpul o veți completa cu alte aptitudini și cunoștințe despre care tocmai ați aflat că vă trebuie.

Acum, pe altă pagină, faceți o listă cu aptitudinile și cunoștințele pe care deja le aveți. Fiți sinceri cu dvs. și scrieți în mod obiectiv ceea ce ați dobândit până acum.

Acum comparați cele 2 liste și vedeți ce vă lipsește sau care sunt aspectele la care trebui să lucrați. Apoi, lângă fiecare dintre ele notați latura carierei care ar beneficia cel mai mult de pe urma aptitudinii respective. Apoi puneți în balanță eforturile pe care va trebui să le depuneți pentru a dobândi sau perfecționa aptitudinile respective și avantajele pe care ele vi le aduc.

În acest moment nu v-a mai rămas decât să treceți la fapte. Conștienți fiind de punctele slabe, nu mai vorbiți despre ele ca „puncte slabe" ci porniți spre a le elimina. Studiaţi, experimentaţi, perfecţionaţi-vă continuu.

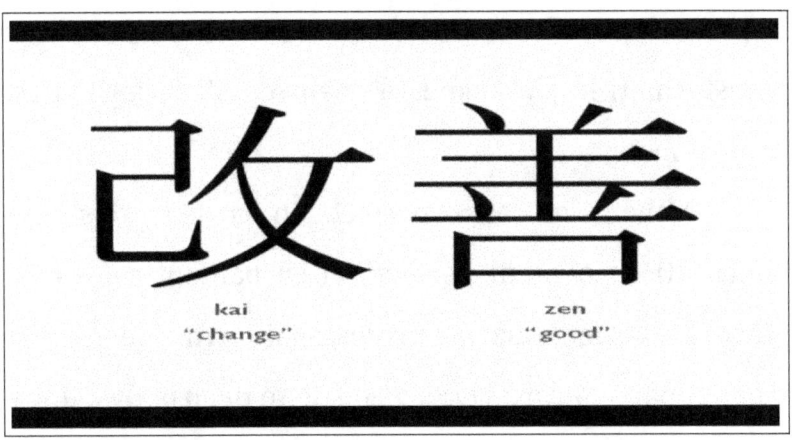

Toţi oamenii de succes au lacune profesionale sau domenii pe care nu le stăpânesc la fel de bine, dar ei fac ceva ce îi deosebeşte de restul lumii: se perfecţionează continuu. A vă identifica punctele slabe este un exerciţiu de obiectivitate dar el nu este suficient pentru succesul dvs. viitor. Pentru asta este necesar pasul următor: transformarea punctelor slabe în puncte forte. Dacă acest lucru nu vă reuşeşte, măcar transformaţi-le în aspecte neutre ale vieţii dvs. profesionale.

Nimeni nu este perfect. În cariera dvs., nu concuraţi cu oameni perfecţi, ci cu oameni ca şi dvs. Măsura perfecţionării profesionale va determina treapta până la care veţi accede. Este decizia dvs. unde vă veţi opri. În funcţie de valoarea pe care v-o acordaţi şi de ceea ce aţi scris pe prima pagină a caietului.

2. Fiţi conştient de propria personalitate

Personalitatea este totalitatea trăsăturilor morale şi intelectuale care vă individualizează ca om. Pentru că înainte de a fi inginer, medic, economist, mecanic, zidar etc. sunteţi o persoană. Fiecare dintre noi este un amalgam de trăsături care ne formează propriul caracter.

Ideal este ca înainte de a vă alege meseria să vă cunoaşteţi bine profilul personalităţii. De ce credeţi că agenţiile de recrutare şi plasare de personal cer candidaţilor completarea unor chestionare pentru determinarea profilului personalităţii? Pentru că anumite tipuri de personalitate sunt compatibile cu anumite meserii şi medii profesionale, iar altele nu.

De exemplu, un *coleric puternic*[1] poate fi un grozav explorator dar va fi un contabil frustrat, veşnic înecat într-un morman de hârtii, dacă nu are o puternică latură melancolică. Pe de altă parte, un melancolic poate fi un statistician şi un analist de cea mai mare fineţe, dar va eşua de exemplu ca moderator de televiziune datorită viziunii sale asupra relaţiilor umane.

Aşadar, încercaţi să vedeţi dacă vă potriviţi cu domeniul în care doriţi să activaţi. Apoi dezvoltaţi acele laturi ale personalităţii dvs. care vă vor asigura succesul în meseria aleasă, aşa cum procedaţi şi cu aptitudinile profesionale.

După ce v-aţi ales meseria, trebuie să vă alegeţi mediul în care doriţi să profesaţi. Deşi mulţi dintre noi nu recunoaştem, mediul în care ne desfăşurăm activitatea ne influenţează performanţele. Aşa că încercaţi să aflaţi ce fel de valori comportamentale

---

[1] Florence Littauer, "Personalitate Plus – cum să-i înţelegi pe ceilalţi înţelegându-te pe tine însuţi", Ed. Business Tech International Press, 2004

promovează compania pentru care candidați și determinați măsura în care sunteți compatibili cu ele.

Cu mirare am constatat că în România cu greu se poate „face rost" de asemenea informații în alte condiții decât sub formă de zvon. Companiile sunt încă reticente în a difuza informații de genul regulilor de comportament în incinta companiei, iar candidații nu știu decât ceea ce se promovează prin intermediul acțiunilor de imagine. În aceste condiții, mulți candidați se confruntă cu surprize în momentul în care sunt selectați pentru angajare, iar în cazul în care nu acceptă compromisul cerut de angajator, timpul petrecut în cadrul etapelor de interviu devine inutil.

Negocierea efectivă, în cadrul contractelor de muncă, nu are loc, companiile fiind destul de inflexibile în ceea ce privește pachetele de remunerare. Astfel, ceea ce puteți face este să aflați cât mai multe informații despre companiile care anunță locuri de muncă vacante și să faceți din aceasta un criteriu de selecţie pentru candidaturile dvs. pentru a nu vă pierde timpul pe la interviuri care nu se concretizează şi care vă influenţează negativ fiind catalogate ca nereuşite.

Există numeroase site-uri de internet care vă pun la dispoziţie teste de personalitate şi o serie de cărţi care vă explică atât calităţile cât şi defectele fiecărui tip în parte. Vă veţi înţelege mai bine aspiraţiile şi nemulţumirile şi veţi şti ce aveţi de făcut pentru a accede profesional.

Când vă prezentaţi la un interviu cunoscându-vă bine valoarea şi profilul personalităţii, veţi avea imaginea unei persoane echilibrate, care se simte bine în propria piele, nu pe aceea a unui adolescent care se străduieşte să-şi impresioneze părinţii.

3. Fiţi foarte sigur de ceea ce vă doriţi (în carieră)

Acum că vă cunoaşteţi bine atât valoarea profesională cât şi propria personalitate, trebuie să identificaţi ce anume aşteptaţi de la cariera dvs., cât de importantă este aceasta pentru dvs. şi cât efort sunteţi dispuşi să depuneţi pentru a reuşi. Acest lucru vă ajută să nu vă risipiţi energia în activităţi inutile. Unele persoane vor să ajungă în vârful piramidei, în vreme ce altele consideră că aceasta nu este o prioritate pentru viaţa lor. Fiecare treaptă a ierarhiei aduce cu sine şi responsabilităţi suplimentare pe lângă avantajele pe care le vede toată lumea.

Faceţi analogie cu treptele învăţământului. Să presupunem că pe tot parcursul şcolii generale aţi avut o medie anuală constantă. Aţi constatat apoi în clasa a VIII[a] că trebuie să depuneţi efort dublu ca să obţineţi aceeaşi medie la examenul de admitere în liceu. Şi aţi crezut că aţi scăpat, nu? Dar în clasa a IX^a aţi constatat că trebuie să menţineţi efortul anului precedent pentru a vă menţine nivelul. Apoi, la terminarea liceului efortul s-a dublat din nou pentru admiterea la facultate. Şi aţi scăpat? Evident că nu. El a fost susţinut pe parcursul facultăţii şi sporit apoi la licenţă.

Aşadar fiecare treaptă „cucerită" a adus responsabilităţi suplimentare şi un ritm de muncă mai alert. Trebuie să fiţi conştient de aceste aspecte înainte de a decide ce vă doriţi de la cariera dvs. şi trebuie să fiţi pregătiţi să înfruntaţi toate provocările. Nimic în viaţă nu vine gratis şi trebuie să fiţi pregătiţi să plătiţi preţul.

Pe de altă parte, nimic nu face o impresie mai proastă unui angajator decât un candidat care nu ştie ce vrea şi care este gata de a accepta orice post şi orice ofertă. În cadrul unor interviuri veţi fi chiar încercaţi cu posturi variate din domenii variate şi dacă veţi cădea în capcană veți fi catalogat ca o persoană nehotărâtă, ceea ce nu este tocmai în avantajul dvs. .

Pe când atunci când vă prezentați la un interviu sigur pe ceea ce doriți, conștient de ceea ce presupune postul respectiv, veți fi perceput ca un profesionist. Desigur, în condițiile respectării punctelor 1 & 2, astfel încât așteptările dvs. să fie realiste.

Aici, extrema cealaltă este un candidat cu o atitudine arogantă, care din primele 5 minute de discutie își exprimă pretențiile salariale, pe măsura „valorii" sale și care are o imagine personală exacerbată. Foarte probabil ca și acesta să lase o impresie proastă în cele mai multe cazuri.

4. Comportaţi-vă în conformitate cu ceea ce doriţi să obţineţi

Să presupunem că două persoane vă propun să vă asociaţi cu ei pentru o idee de afaceri „foarte profitabilă". Una dintre ele este o persoană deosebit de conştiincioasă, care vă prezintă o sumedenie de grafice, studii şi analize din care reiese viabilitatea afacerii, dar întârzie 20 de minute la întâlnire, arată de parcă a venit de la pescuit şi vă reaminteşte mereu că are mare nevoie de această afacere pentru a-şi rezolva situaţia financiară precară. Cealată persoană vă înmânează o pagină în care prezintă ideea, partea dvs. de investiţie şi profitul aşteptat, vă oferă cartea de vizită şi se scuză că nu poate să stea prea mult deoarece are alte câteva întâlniri. Vă asigură că odată ce vă veţi gândi mai bine la afacere veţi constata că este o oportunitate şi vă roagă să îi răspundeţi în maximum 3 zile pentru ca în eventualitatea în care nu vă interesează, să caute alte surse de finanţare.

Care persoană v-a convins? Care persoană vă inspiră încredere?

De ce prima persoană este dezavantajată? Pentru că nu se comportă ca un om de afaceri. Poate avea o idee genială şi poate să fi făcut studii impecabile care să-i susţină ideea, dar nu se prezintă ca un om de afaceri. În timp ce a doua persoană, deşi nu aveţi cunoştinţă de experienţa sa, nu v-a prezentat vreo documentare pe care să-şi bazeze iniţiativa, PARE un om ocupat şi prezintă încredere, nu?

Probabil veţi spune că acest raţionament nu este logic. Dar oamenii nu sunt fiinţe logice în totalitate. Altminteri „prima impresie" nu ar mai fi atât de puternică şi nu i s-ar mai da atâta importanţă. Este frumos şi nobil să nu judecăm oamenii după aparenţe, dar oare nu facem acest lucru de 100 de ori pe zi?

Desigur, sistemul se poate schimba dacă nu sunteţi de acord cu el, dar pentru asta, trebuie să accedeţi într-o poziţie din care să-l puteţi schimba, iar acest lucru se face doar respectând regulile jocului, măcar în parte.

Aşadar, dacă vă prezentaţi la un interviu dorind să fiţi director financiar va trebui să gândiţi ca un director financiar, să arătaţi ca un director financiar şi să vorbiţi ca un director financiar. Dacă vă prezentaţi pentru un post de secretară îmbrăcată în pantaloni scurţi probabil nu veţi avea succes, deşi probabil vorbiţi 4 limbi străine şi viteza de redactare a documentelor este impresionantă. La fel, dacă vă prezentaţi la un concurs de muzică populară îmbrăcat în costum Armani probabil vor crede că v-aţi rătăcit (şi ar avea dreptate).

Teoria spune că forma _fără_ fond nu are valoare, nu spune că forma nu contează. Dimpotrivă, ea întăreşte şi întregeşte mesajul de fond.

5. Faceți o selecție

Înainte de a vă depune candidatura pentru un anumit post, faceți o selecție a posturilor vacante disponibile, din aria dvs. de interes. Luați în calcul toate informațiile de care dispuneți, despre dvs. și despre companiile care recrutează.

Probabil acum unii dintre dvs. se gândesc „Mie-mi arde buza după un serviciu și mai stau să aleg!".

Depinde ce vă doriți: un oarecare serviciu, sau o etapă a carierei dvs. Dacă tot ce vă doriți este doar un post oarecare, atunci vă puteți arunca efectiv „pe piață" și veți găsi un post cu siguranță.

Dacă însă vreţi să vă construiţi o carieră, atunci trebuie ca mişcările dvs. să fie calculate. Ca o paranteză, atunci când vă construiţi o carieră este preferabil ca posturile să se „îmbine" – nu demisionaţi dintr-un post dacă nu aveţi altul asigurat, decât în cazuri extreme. Asta ca să aveţi o libertate mai mare de alegere. Faceţi o analiză a carierei dvs. de până în prezent şi corelaţi aceasta cu paşii 1 – 4 de mai sus. Decideţi apoi pe care treaptă a piramidei vă aflaţi şi ce vă trebuie în continuare pentru a urca. Apoi încercaţi să determinaţi care dintre posturile vacante actuale se încadrează nevoilor dvs. şi candidaţi pentru acelea.

Nu vă fie frică de provocări. Chiar dacă un post presupune anumite aspecte pe care nu le stăpâniţi perfect, dar le puteţi perfecţiona relativ rapid şi fără riscuri majore, abordaţi-l. Oamenii curajoşi au succes. Ei nu se tem de provocări şi sunt încrezători în propria persoană şi în propriile capacităţi şi aptitudini. Dacă aveţi îndoieli reveniţi la punctul 1.

Dacă doriți să vă construiți o carieră, obișnui-ți-vă cu analiza la rece înainte de a acționa. Creați-vă mentalitatea unui om de succes și faceți și dvs. o selecție a angajatorilor și a posturilor înainte de a vă trimite CV-ul. Faceți o ierarhie a posturilor în funcție de priorităţile dvs. pe plan personal și profesional. Nu este foarte complicat și nici nu durează mult. Începeți apoi să abordați posturile „de sus în jos" conform ierarhiei formate. Candidând la cât mai multe posturi compatibile cu ambițiile și aspirațiile dvs. veți avea șanse sporite de a obține un astfel de post.

Desigur acest lucru este relativ dificil când se publică foarte multe oferte de muncă fără numele angajatorului și există atâtea agenții de recrutare ce folosesc sintagma „clientul nostru". Dar în multe cazuri se poate și este în avantajul dvs.

6. Creaţi un CV câştigător

În general un *recruiting officer* alocă din start maximum 1 minut fiecărui CV pentru selecţia preliminară numită şi *screening*. **1 minut!** Atât aveţi la dispoziţie pentru a capta atenţia angajatorului prin intermediul CV-ului pe care îl trimiteţi. Menirea principală a CV-ului este să „producă" un interviu. Acesta este scopul pentru care l-aţi creat şi pentru care îl trimiteţi. Aveţi acest lucru în minte atunci când îl scrieţi! Dacă simţiţi că nu sunteţi destul de obiectiv, apelaţi la rude şi la prieteni şi rugaţi-i să se pună în locul angajatorului şi să vă spună dacă, citind CV-ul dvs., v-ar chema la interviu. Fiţi criticul dvs. cel mai exigent şi refaceţi până când sunteţi sigur că CV-ul va stârni interesul persoanei care recrutează.

Există numeroase cărţi şi studii despre cum ar trebui să arate un CV şi ce ar trebui să conţină. Există chiar şi un „Model de CV european" adoptat şi în România prin 2008. Ca în orice alt domeniu al vieţii, echilibrul este cel mai recomandat şi în acest caz. Prezentarea şi conţinutul CV-ului trebuie să fie corelate nu numai între ele, ci şi cu postul pentru care candidaţi. CV-ul unui pictor nu va arăta la fel cu cel al unui inginer.

Unul din neajunsurile bazelor de date moderne pentru candidaţi este aceea de a uniformiza prezentarea CV-urilor. Unele dintre ele furnizează chiar inovaţii lingvistice care-i dau dreptate dlui Pruteanu privitor la legea mult controversată. Uitându-mă pe un CV am citit următoarea frază: „Am trainuit persoane". Mi-am imaginat că inepţia vine de la *training* care se traduce prin instruire în cazul de faţă, dar la interviu am întrebat persoana în cauză ce înseamnă „a trainui" şi mi-a spus că site-ul de internet prin care ne contactase oferea opţiuni limitate la anumite câmpuri, iar aceasta era una dintre ele. S-a scuzat, fiind conştient că torturase limba română iar eu am tras concluzia corespunzătoare. Profitaţi deci, de ocaziile în care vă puteţi trimite un CV liber creat şi faceţi din el un atu.

Prima regulă de aur în crearea unui CV câştigător este să nu aveţi un CV unic, ci câte un CV pentru fiecare post pentru care candidaţi. De fiecare dată revizuiţi CV-ul şi faceţi în aşa fel încât el să scoată în evidenţă acele aptitudini care sunt cerute în specificaţia postului. Amintiţi-vă că **forma întăreşte mesajul de fond.**

O altă regulă de aur pentru crearea unui CV câştigător este, ca şi în toate celelalte aspecte ale vieţii noastre, respectul faţă de celălalt. Gândiţi-vă că cel care vă analizează CV-ul este o persoană ocupată şi nu-l agasaţi cu informaţii inutile în contextul dat. Preferaţi calitatea în locul cantităţii. Fiţi concişi şi referiţi-vă strict la subiect. Nu este necesar să vă scrieţi povestea vieţii sau să enumeraţi toate experienţele profesionale şi toate seminariile de câteva ore la care aţi participat. Prezentaţi doar informaţiile cele mai importante. Puteţi enumera separat (în caietul dvs. de carieră – vezi pag. 10), cu lux de amănunte, experienţele profesionale, proiectele inţiate şi derulate, studiile de toate gradele etc. din care să extrageţi apoi cele mai importante aspecte pentru un anume post.

Tot aici doresc să precizez că CV-ul nu prezintă motivele pentru care candidaţi (pentru asta avem scrisoarea de motivaţie), ci prezintă acele aspecte care fac din dvs. candidatul ideal (fără a folosi această sintagmă). Desigur, nici extrema cealaltă nu este recomandabilă – concis nu înseamnă nici superficial şi nici laconic. Simple enumerări ale unor instituţii de învăţământ şi „posturi anterioare" sunt anoste şi reprezintă o alegere nefericită. Am inclus la sfârşitul cărţii o bibliografie recomandată în care veţi găsi lucrări excepţionale în acest domeniu.

O a treia regulă de aur este concordanța sa cu realitatea. Îmi amintesc cum am intervievat o persoană care candidase pentru un post de asistent logistic închipuindu-și că va fi director logistic (!) care prezentase în CV o listă impresionantă a clienților către care se făceau livrări de la actualul său loc de muncă (de unde vroia să plece). Compania la care lucram eu atunci avea livrări zilnice de cel puțin 8 transporturi - iar în perioadele de vârf volumul se dubla și când l-am întrebat câte transporturi încărcau pe zi mi-a răspuns cu mândrie „3". Desigur, CV-ul său își atinsese scopul ințial de vreme ce ajunsese la interviu, dar impresia negativă a fost atât de puternică încât pe o perioadă de 2 ani dacă îi mai vedeam CV-ul vreodată (și am memorie bună) l-aș fi respins fără să-l mai citesc.

Așadar, nu supralicitați! Prezentați realitatea în modul cel mai favorabil pentru dvs., dar rămâneți în sfera realității indiferent cât de mare este tentația.

Eu mă opresc aici cu recomandările specifice pentru CV, dar consultați cu încredere lucrările disponibile pe piață.

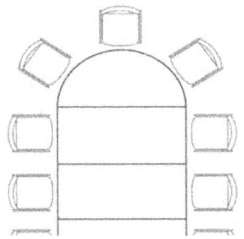

7. Mergeţi la cât mai multe interviuri

Cum ne-a învăţat bunica, „repetiţia e mama învăţăturii". Chiar dacă ne dorim să fim naturali la interviu, acest lucru nu este atât de uşor pe cât sună.

Când mergeţi la „interviul vieţii" sunteţi emoţionat, încercaţi să gândiţi pozitiv şi (preferabil) treceţi în revistă aspectele importante pe care doriţi să le atingeţi pe parcursul întâlnirii.

Odată ajuns acolo, orice mic detaliu care nu se încadrează în imaginea mentală pe care v-aţi creat-o, vă poate scoate din echilibrul fragil. Angajatorul oricum îşi va da seama dacă sunteţi sau nu emoţionaţi sau nesiguri. Pentru unii contează mai mult, dar pentru alţii mai puţin. Problema este că nu ştim cât de mult contează pentru **acesta**.

Sfatul meu deschis este să mergeți la cât mai multe discuții și interviuri cu putință. Astfel, veți atinge câteva aspecte importante:

- vă veți familiariza cu zone diferite și veți putea aprecia mult mai bine timpul de deplasare necesar, ca să puteți fi punctuali;

- vă veți familiariza cu diverse „medii" de discuție, de la săli impozante la birouri micuțe, unele mai calde – altele mai reci, unele mai liniștite – altele mai zgomotoase etc. ;

- vă veți familiariza cu diverse tipologii de intervievatori – există mai multe tipuri de interviu, puteți consulta atât bibliografia cât și alte lucrări nemenționate de mine;

- prin compararea diverselor discuții / interviuri puteți trage concluzii foarte folositoare pentru viitor: ce ați fi putut spune în plus sau în minus, ce ați putea reformula, unde au apărut sincope de comunicare etc.

În ceea ce privește companiile de recrutare, este bine să-i cunoașteți și să discutați cu ei ori de câte ori aveți ocazia. De exemplu, atunci când sunt sunată pentru posturi care nu mă interesează eu spun deschis „cu mare plăcere ne întâlnim să discutăm/ să ne cunoaștem, dar acest post nu mă interesează". Abordez astfel din respect pentru timpul lor și al meu și de cele mai multe ori, alegerea recruiterului este de a ne întâlni.

După o vreme, atunci când veți merge la un interviu pentru un post care chiar înseamnă mult, deși veți avea emoții, veți putea lăsa impresia pe care v-o doriți.

Hang-in-there

8. Mergeţi cu lecţia învăţată

Acest punct este o consecinţă directă a pasului 5
– selecţia, dar el merită o atenţie aparte.

De multe ori angajatorii vă întreabă „ce ştiţi
despre noi?". Şi de multe ori răspundeţi prin „nimic"
sau „doar că...". Orice intervievator se gândeşte atunci
la entuziasmul exprimat de dvs. în scrisoarea de
motivaţie privind „oportunitatea carierei" şi „dorinţa
de a vă integra în asemenea colectiv profesionist" şi
„valorile pe care le reprezintă compania" etc. care
devine cel puţin lipsit de sens în condiţiile în care ştiţi
„puţin" sau „nimic" despre companie, piaţa ei, produse
etc.

În epoca modernă, măcar anumite informaţii se
pot obţine. Dacă vă trimiteţi candidatura către un post
„misterios" aveţi mare grijă cum formulaţi scrisoarea

de motivație, pentru a evita situații penibile ca cele de mai sus.

De asemenea, orice angajator apreciază un candidat care s-a informat despre compania către care se îndreaptă. Acest lucru denotă profesionalism, organizare și seriozitate și poate oricând să se transforme într-un criteriu de selecție.

În afară de asta, înainte de interviu puneți-vă în ordine ideile cu privire la sarcinile pe care le implică postul respectiv. Sistematizați-vă gândurile pe o coală de hârtie pentru a răspunde mai fluent la întrebările care vor curge. Veți reuși astfel și să vă puneți mai bine în evidență aptitudinile și calitățile necesare în cazul concret, pe care intervievatorul le caută.

Gândiți-vă la ce fel de teste profesionale ați putea fi supus și recapitulați „materia" pentru a fi sigur că nu vă scapă nimic.

Toate acestea vă vor ajuta să răspundeți prompt și la obiect la întrebările care vă vor fi adresate și să nu vă „ia gura pe dinainte", evitând domeniile pe care le simţiţi nesigure, sau „punctele dvs. slabe". Ca o paranteză, eu recomand ca la această întrebare să se evite un răspuns direct, deoarece scopul dvs. acolo este să prezentaţi argumentele care fac din dvs. omul potrivit pentru post. Adeseori această întrebare este folosită ca o capcană şi chiar dacă sunteţi sincer şi foarte obiectiv, intervievatorul se va gândi că un defect recunoscut este de fapt mai mare decât gradul personal de percepţie al dvs.

Aşadar, adunaţi informaţii şi ordonaţi-le pentru a le putea folosi mai uşor în folosul dvs. În mod normal, ca să puteţi face selecţia despre care vorbeam la punctul 5, veţi avea nevoie de aceste date oricum. Folosiţi-le în favoarea voastră la interviu.

9. Căutați să aflați detalii suplimentare

Nu vă mulțumiți cu ceea ce vi se spune. Și firmele își vând imaginea pe piață. Fiecare angajator vă va prezenta cu prioritate acele aspecte care îi sunt favorabile și acelea care pot constitui motive puternice pentru ca dvs. să vă doriți cu adevărat postul respectiv.

Încercați să citiți printre rânduri și să vă formați o părere obiectivă despre modul de lucru, mediul intern, valorile reale ale organizației (nu neapărat cele enunțate) etc. Aceste informații, venind peste cunoștințele deja acumulate sunt foarte valoroase și întregesc imaginea angajatorului respectiv.

Ca și dvs., intervievatorul (/-ii) va dori să dețină controlul întâlnirii și, mai mult, dacă este o persoană abilă, atunci își va juca rolul foarte bine, urmărindu-vă reacțiile secundă cu secundă – doar sunteți acolo pentru a fi evaluați –. Iată ceva ce mulți candidați nu îndrăznesc să creadă: **şi dvs. sunteţi evaluatorul companiei respective**. Întâlnirea este un joc de putere în care fiecare încearcă să influenţeze reacţiile celuilalt pentru a-l cunoaşte mai bine – sau asta ar trebui să fie (dar nu un război).

Atunci când vă gândiţi la slujba dvs., cum v-o imaginaţi? Scrieţi pe caiet: biroul, colegii, sarcinile de serviciu, mediul, realizările, proiectele, provocările etc. (presupunem aici că aveţi aşteptări realiste chiar dacă îndrăzneţe sau curajoase). Apoi gândiţi-vă care aspecte sunt cele mai importante pentru dvs. – întrebare deseori pusă chiar în chestionarele pentru angajare.

Având aceste lucruri clare în minte, vă va fi mult mai uşor să „descifraţi" semnalele importante şi să vă decideţi sau măcar să ştiţi la ce să vă aşteptaţi. Aveţi în vedere şi că pentru a vă provoca anumite reacţii, intervievatorul va juca diverse roluri, deci nu sunteţi în postura de a vă forma o părere despre persoana respectivă și câteodată nici măcar despre postul în sine, decât atunci când primiți oferta fermă. De asemenea, sunt foarte puține cazurile în care oferta companiei nu depinde de noul angajat. Adică sunt puțini acei angajatori care caută persoana care să se potrivească postului. Cei mai mulți caută „un contabil" sau „agent de vânzări" sau „secretară", și nu „un contabil care să eficientizeze finanțele, să-și dorească biroul din colț, să fi avut cel puțin 5 ani experiență și să valoreze ...... lei salariu"; nu „un agent de vânzări care să tripleze volumul vânzărilor pe zona X și să optimizeze portofoliul de clienți"; nu „o secretară care să organizeze ergonomic activitatea zonei de recepție, să calmeze interlocutorii iritați, să eficientizeze arhiva de documente...". Este posibil ca odată angajat să și primiți sarcini de serviciu de genul „termină balanța până pe 10" sau „dublează numărul de clienți" sau „fii mai amabilă la telefon" etc. Vreau să subliniez că, deși este o abordare total neprofesionistă, specificația postului poate depinde și de dvs. și atunci este bine să fiți pregătit pentru a vă spori valoarea în ochii angajatorului potențial. Fiți pregătit să acționați acele „butoane" care să-l determine pe angajator să vă facă o ofertă foarte bună.

Încercați să preluați controlul discuției – la un moment dat – în mod elegant dar ferm, punând întrebări care să releve informațiile de care aveți nevoie. Desigur, acest lucru nu înseamnă să-l întrerupeți pe intervievator sau să vă comportați nepoliticos; puteți aștepta ca spre finalul interviului să fiți invitat să puneți întrebări sau puteți anunța încă de la început că vă doriți să puteți pune și dvs. întrebări înainte de a se finaliza interviul.

Nu trebuie să acceptați orice loc de muncă, indiferent de condiții. Angajatorul va aprecia o persoană hotărâtă care știe ce caută și care chiar este pregătită să renunțe la o ofertă nesatisfăcătoare.

Aşadar, nu lăsaţi lucrurile la întâmplare – acţionaţi pentru a le aduce pe direcţia dorită.

10. Provocaţi feed-back-ul unui interviu

Vi s-a întâmplat să aşteptaţi la nesfârşit răspunsul promis în urma unui interviu? V-aţi pus o mulţime de întrebări: „de ce nu sună?", „de ce nu m-au ales pe mine?", „oare s-au hotărât deja?" etc. Oare ce v-a împiedicat să daţi dvs. un telefon şi să vă interesaţi despre stadiul selecţiei? V-aţi gândit vreodată că şi întârzierea răspunsului poate fi un test?

Pentru anumite posturi, se caută persoane care să denote hotărâre, spirit de iniţiativă, acţiune etc. Deci o persoană care se mulţumeşte cu un telefon care nu vine, nu va fi angajatul ideal.

Este posibil ca telefonul dvs. să nu schimbe o părere negativă formată deja, dar este foarte posibil să vă ajute la a vă contura imaginea de sine, atitudinea şi mentalitatea care pe viitor să vă conducă la succes.

Succesul nu este o destinație ci o călătorie. Tot ceea ce studiați, toate deprinderile la care apelați pentru atingerea succesului, vă vor ajuta și la **menținerea** lui. Niciodată nu veți ajunge să spuneți „Gata! Am succes, de acum nu mai trebuie să fac nimic." Amintiți-vă că piramida se îngustează către vârf și că deși sunt mulți cei care aspiră la un loc acolo, puțini sunt cei care îl obțin și mult mai puțini sunt cei care îl păstrează.

Va trebui deci să vă decideți ce înseamnă succesul pentru dvs. și să hotărâți dacă sunteți pregătit să-i plătiți prețul. Apoi va trebui să fiți conștient că nu trebuie să renunțați niciodată.

Succesul este un **efect** al unor obiceiuri sănătoase aplicate cu o consecvență aproape draconică. Voi încheia cu o frază celebră care aparține onorabilului Winston Churchill: „Succesul înseamnă să mergi din eșec în eșec fără să-ți pierzi din entuziasm".

SE CAUTĂ ANGAJATUL IDEAL!

„Norocul este doar o atenţie sporită acordată detaliilor"

Sir W. Churchill

Ce înseamnă „angajatul ideal"? Răspunsul la această întrebare este foarte subiectiv, dar s-au conturat câteva trăsături generale, ca de exemplu: serios, punctual, muncitor, loial ş.a. După cum observaţi, nici una dintre acestea nu se referă la competenţa sa profesională, deşi fără de aceasta persoana nu va reuşi să-şi îndeplinească sarcinile de serviciu. Ce înseamnă aceasta? Aceasta scoate la iveală caracterul predominant emoţional al tuturor deciziilor pe care le luăm din orice postură. Nu este suficient ca un candidat să fie cel mai bun în domeniu. Printre criteriile dvs. de selecţie se numără deseori „abilităţile de relaţionare" sau „compatibilitatea cu echipa", ceea ce este perfect normal.

Dar atunci când elaboraţi un anunţ pentru a atrage candidaţi sau atunci când vă pregătiţi (!) pentru o serie de interviuri, cum aţi putea face ca percepţia candidaţilor cu privire la postul vacant să fie cât mai aproape de ceea ce reprezintă postul respectiv şi, deci, de ceea ce se caută.

Adevărul este că nu există o rețetă universală a unui proces de recrutare de succes. Acesta este și motivul pentru care câteodată recrutarea/selectarea angajatului potrivit durează foarte mult iar alteori durează foarte puțin. Dar există câteva linii de conduită generală care v-ar putea ajuta foarte mult în eficientizarea procesului de recrutare, la care mă voi referi în continuare.

Nu veți găsi aici teste „magice", fraze de succes, ținute care nu dau greș sau algoritmi decizionali care să vă asigure de succes. Veți găsi în schimb câteva sfaturi utile despre anumite aspecte pe care sunt convinsă că le cunoșteați, dar cărora poate nu le-ați acordat suficientă importanță.

Mai trebuie precizat că a aplica numai ce vă voi prezenta eu mai jos și a ignora aspectele științifice și procedurale ale recrutării și selecției este total greșit. Această carte vine ca o completare la ceea ce dvs. ați studiat, construit și aplicat ani la rând, ea nu reprezintă „rețeta succesului".

În aceeaşi măsură, odată ce aţi aderat la cele prezentate mai jos şi v-aţi decis să le aplicaţi, atunci ele trebuie aplicate uniform în toate domeniile care alcătuiesc imaginea companiei. Recrutarea şi selecţia, utilizate într-un mod inteligent, pot face parte din strategia de relaţii publice a companiei şi în mod sigur, chiar dacă intenţionaţi sau nu, ele afectează (pozitiv sau negativ) imaginea companiei dvs. Astfel, mesajele comunicate prin intermediul acestor procese trebuie să fie în concordanţă cu cele comunicate prin celelalte metode de relaţii publice.

Cea mai frecventă greşeală pe care angajatorii o fac în cadrul unui proces de recrutare/ selecţie este „supralicitarea". Se exagerează caracteristicile postului în speranţa de a atrage oameni foarte bine pregătiţi. Dar oare chiar vă trebuie portari cu studii superioare (evident o exagerare voită)?

O altă eroare este ignorarea selecţiei preliminare. Aceasta duce la un număr mult prea mare şi inutil de interviuri, generând oboseală şi stres, care vor afecta negativ decizia finală. Sau, dimpotrivă, selecția preliminară este prea dură și din 100 de CV-uri primite se aleg 2 – 3 persoane pentru interviu, creând frustrări legate de dificultatea de a alege personal corespunzător.

În cadrul procesului de selecție, unii angajatori folosesc testarea în exces, iar alții nu o folosesc deloc. Trebuie găsit echilibrul dintre complexitatea postului și nivelul de testare pshilogică/ profesională utilizat.

De asemenea, după încheierea procesului de selecție, majoritatea angajatorilor sunt tentați să ia legătura numai cu cei selectați, ignorându-i pe ceilalți. De ce oare? Oare cei care au fost chemați la interviu nu merită curtoazia de a fi anunțați care este hotărârea dvs.? Oare acei candidați pe care nu i-ați selectat nu merită să știe motivele care au stat la baza hotărârii dvs.? Companiile cu tradiție și renume își comunică hotărârile în scris către fiecare candidat care a trecut prin orice etapă de selecție. Este o dovadă de profesionalism și de respect la adresa celor care s-au arătat interesați de ocuparea unui post în cadrul companiei. Dar să trecem la subiectul nostru principal, adică interviul. Cum ar trebui să se desfășoare un interviu pentru angajare? Fără discuție că stăpâniți tehnica întrebărilor și puteți conduce discuția către ceea ce vă interesează. Dar sunt întrebările singurele care contează? Ce preferăm: un interviu rece și strict sau un interviu degajat și cu aspect informal? Până unde poate merge jocul de putere și cât de justificate sunt anumite întrebări? Care sunt capcanele interviurilor sub aspectul tehnicilor și întrebărilor „standard"? Iată aspectele la care mă voi referi în continuare:

1. Imaginea contează
2. Respectați-i pe candidați
3. Pregătiți-vă pentru interviu
4. Evitați clișeele
5. Fiți sinceri și precauți cu promisiunile
6. Folosiți eficient timpul acordat interviului

7. Fiţi conştient de mediul în care lucraţi

8. Evitaţi discursurile cu păreri personale

9. Luaţi notiţe

10. Zâmbiţi

Ca şi în secţiunea precedentă, le vom trata pe rând, în cele ce urmează.

1. IMAGINEA CONTEAZĂ

Sunteţi probabil familiari cu „teoria formelor fără fond" care revoluţiona societatea românească la sfârşit de secol 19 – început de secol 20. Dar ce ne facem cu „fondul fără forme"?

Marketingul operează des cu noţiunea de „notorietate" şi spune că aceasta se construieşte în timp, implică toate departamentele companiei şi este strâns legată de strategia de imagine a acesteia. Totuşi, puţine persoane se preocupă să citească despre acest subiect, în afara cazului în care sunt direct implicaţi.

Imaginea unei companii depinde şi de fiecare detaliu căruia nu-i daţi importanţă. Imaginea nu este numai cea proiectată conştient şi sistematic, ci mai ales cea proiectată inconştient. Totul contează de la sediu la vestimentaţia angajaţilor, de la regulamentul intern la conduita fiecărui angajat în afara serviciului.

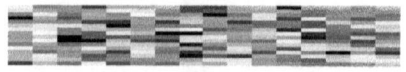

În general oamenii iau decizii emoționale, chiar dacă le dau o notă obiectivă. Atunci când o persoană este pusă în situația de a alege, ea va cântări și atmosfera, colegii, amplasamentul, beneficiile extrasalariale etc. Așadar, atunci când purcedeți la un proces de recrutare/ selecție, trebuie să știți ce imagine proiectați prin: anunțul publicitar, biroul de interviuri, înfățișarea intervievatorului etc.

Să ne imaginăm că sunteți intervievator pentru un post de middle management. Candidatul din fața dvs. pare persoana potrivită și pare interesat de post și plăcut impresionat de celelalte aspecte. Tocmai când expuneați profesionalismul echipei manageriale și perspectivele inimaginabile pe care orice angajat performant le poate avea în cadrul companiei dvs., trec pe coridor mai multe persoane înjurându-l de mama focului pe..... managerul general (care nu este prezent) pentru o decizie recentă. Ce impresie va fi mai puternică în mintea candidatului: cuvintele dvs. sau evenimentele descrise?

Aşadar, primul lucru pe care trebuie să îl aveţi în vedere atunci când vă pregătiţi pentru o sesiune de interviuri, este imaginea pe care o proiectaţi. Aceasta trebuie să fie în concordanţă cu profilul candidatului ideal. Nu lăsaţi lucrurile la voia întâmplării şi nu „speraţi" că veţi face o impresie bună – asiguraţi-vă că sunteţi percepuţi aşa cum vă doriţi. De la sala de interviu şi până la gesturile dvs., toate trebuie să trimită un mesaj coerent. Este cea mai sigură cale de a vă întări spusele.

Îmi amintesc un proces de selecţie la care am participat în calitate de candidat. Era vorba despre o companie cu renume în Bucureşti şi, oricum, eu nu prea refuz întâlniri, aşa cum spuneam în secţiunea dedicată candidaţilor. Mă duc, deci, la un interviu şi accept să mă prezint şi la un test scris. În ziua testului, aştept la recepţie cca 20 de minute, după care o domnişoară drăguţă mă pofteşte spre locul de testare. Şi ajungem într-un fel de hol, care avea înşirate pe un perete mese ca de terasă, la care stăteau mulţi oameni care dădeau teste pentru diverse posturi. Pe jos, zăceau stive de hârtii mai mult sau mai puțin îndosariate. Din când în când mai trecea cineva care cobora niște scări spre un subsol. Termin eu testul și mă preia o altă domnișoară, pe post de intervievator. Mergem "să căutăm o sală" și după vreo 10 – 15 minute reușim să găsim una și începem discuția. După alte 10 minute suntem întrerupte de cineva care revendică sala, iar noi pornim în căutarea alteia, pe care o găsim câteva etaje mai sus, încă purtând pe mese urmele ședinței precedente, sub formă de pahare de plastic, șervețele și firimituri. La acest moment mie îmi era clar că nu voi lucra în această companie, dar chiar și așa, la final, ca cireașa de pe tort, domnișoara mă anunță că avem de a face cu un post temporar, dar mă asigură că "de obicei astfel de contracte sunt prelungite".

Din punctul meu de vedere, această companie a intrat pe lista neagră, pe perioadă nedeterminată. Sigur, poate că pe alții nu-i deranjează atât de mult un astfel de tratament și poate că alte persoane vor găsi în acea companie trambulina de lansare în carieră. Această companie nici nu are respectul printre valorile culturii organizaționale, deci vina a fost a mea, că nu m-am interesat dinainte. Ceea ce trebuie sa avem în vedere este că trebuie să existe o coerență între ceea ce spunem și cum ne purtăm.

Gândiți-vă deci la ce imagine doriți să proiectați asupra candidaților și verificați dacă mediul, colegii, comportamentul dvs. , se înscriu în linia declarațiilor.

2. Respectați-i pe candidați

Văd sprânceana dvs. ridicată. Cum adică? Au venit la interviu pentru că au nevoie de serviciu nu? Sigur că așa este, dar dvs. trebuie să profitați și să îi tratați nepoliticos? Bineînțeles că nu. Orice candidat, pentru orice post, oricât de jos pe scara ierarhică, este o persoană – un om. Și dvs. înainte de a fi „manager" sau „recruiter" sau „șef depozit" ș.a. sunteți mai întâi om și aveți datoria morală de a vă purta omenește cu toată lumea. Nu numai candidatul are nevoie de un loc de muncă; și compania pe care o reprezentați are nevoie de un angajat. Nevoia este deci reciprocă.

Respectați vârsta candidaților, chiar dacă sunt mai tineri decât dvs. Dacă nu aveți permisiunea să le vorbiți la pers. II singular, atunci folosiți pronumele de politețe, chiar dacă persoana din fața dvs. este mai tânără. Dvs. aveți 50 de ani și candidatul are 30? Tot trebuie să îi vorbiţi cu „dumneavoastră" aşa cum trebuie să vorbiţi oricărui adult. Sunteţi director general şi intervievaţi (din orice motiv) un mecanic? Vorbiţi-i politicos. Vârsta, pregătirea profesională sau poziţia ierarhică nu vă dau dreptul de a fi nepoliticoşi. **Fiţi punctuali.** Nu îi lăsaţi pe candidaţi să aştepte cu orele doar pentru că ei au nevoie de serviciu şi dvs. sunteţi în poziţia de a alege. Ca să fac o paralelă cu ceea ce sfătuiam candidaţii, dacă vă căutaţi un angajat de calibru, în mod sigur nu vă doriţi să-l jigniţi arătându-i cât de ocupaţi sunteţi dvs. şi cât de nesemnificativ este el. Sau, cu alte cuvinte, oamenii vaoroşi nu vor accepta un astfel de tratament, sau veţi obţine de la ei conformare şi nu loialitate.

Oferiţi un minim de confort: un pahar cu apă, o încăpere cu o temperatură acceptabilă, cu un nivel redus de zgomot, luminată corespunzător etc. Poate dvs. vi se par aspecte minore, dar ele întregesc imaginea angajatorului. Gândiţi-vă la un interviu în mijlocul verii. Candidatul vine la orele 15, pe o căldură infernală, iar dvs. îl invitați într-o încăpere fără aer condiționat, îl țineți acolo timp de cel puțin 60 de minute, în timp ce transpirația pune stăpânire pe amândoi și nu-i oferiți nici măcar un pahar cu apă. Dacă vă interesează părerea pe care și-o formează candidatul despre firma în care are acum „marea oportunitate" să lucreze, atunci îl veți trata mult mai bine de atât.

Închideți telefonul mobil pe durata interviului sau lăsați-l în birou. Dacă dvs. apreciați negativ un candidat căruia îi sună telefonul pe parcursul întâlnirii, vă asigur că sentimentul este reciproc. În cazul în care aveți o urgență majoră și este absolut necesar să primiți un telefon pe parcursul unui interviu, vă sugerez să clarificați acest aspect încă de la începutul întâlnirii. O frază de genul „vă cer permisiunea să răspund la un telefon pe parcursul întâlnirii noastre; știu că este neobișnuit dar am o urgență reală și vă rog să mă scuzați" va arăta că dvs. cunoașteți bunele maniere și respectați candidatul suficient de mult încât să-l avertizaţi că sunteţi forţaţi de împrejurări să procedaţi altfel.

Evitaţi întreruperile. Sunt puţine momente mai neplăcute decât ca în mijlocul discuţiei să se deschidă uşa şi cineva fie vă cheamă „puţin afară", fie vă roagă să semnaţi un document, fie vă anunţă ceva. A! Desigur, chiar mai neplăcut decât atât este ca acel cineva să vă anunţe că „vă cheamă şefu' urgent", dvs. să vă scuzaţi, să plecaţi şi poate chiar să nu vă mai întoarceţi. Sigur că sunt şi candidaţi care nu vor fi „speriaţi" de aceste incidente, dar cu siguranţă că eticheta v-a fost pusă şi dvs. şi şefului. Dacă vă doriţi altceva, atunci evitaţi astfel de incidente.

3. Pregătiți-vă pentru interviu

Deși poate lucrați de mulți ani într-o companie, sau poate că sunteți un recruiter experimentat, fiecare candidat este unic. La fiecare interviu veți avea în fața dvs. o persoană unică, diferită de orice altă persoană pe care ați întâlnit-o până în acel moment. Și această persoană unică, vede și înțelege lumea prin prisma sa, de asemenea unică. Poate a înțeles diferit anunțul de recrutare; are așteptări proprii de la dvs., de la compania la care lucrați, de la viitorul angajator, de la acest interviu etc. Pentru aceste motive, este necesar să vă pregătiți.

Chiar dacă în procesul de screening ați citit „pe diagonală" CVul acestei persoane, înainte de interviu dați-i atenția cuvenită și citiți-l cu atenție. Subliniați, faceți adnotări, transformați-l într-un instrument de lucru, căci asta și este. Folosiți deci cele 3 – 4 pagini pe care le aveți la dispoziție, pentru scopul pentru care v-au fost trimise.

Căutați în CVul acestei persoane, aspecte relevante pentru postul pe care candidează și includeți-le în planul de întrebări. (Da, planul de întrebări este obligatoriu pentru aceia dintre noi care încă nu sunt genii.) Veți avea astfel ocazia să vedeți cât sunt de reale și să obțineți încă și mai multe detalii care să vă ajute în procesul de selecție.

Dacă vorbim despre un candidat de pe lista scurtă, atunci puteți încerca să adunați referințe despre el. Networkingul joacă un rol important dar și o simplă căutare pe internet vă va furniza informații suprinzătoare și utile.

Asigurați-vă că aveți o sală disponibilă pentru durata interviului.

Asigurați-vă că nu există suprapuneri în calendarul dvs. pentru perioada alocată interviului.

Asigurați-vă că puteți îndeplini cerințele de la punctul 2 de mai sus.

Asiguraţi-vă că aţi furnizat candidatului toate informaţiile necesare pentru a ajunge uşor şi la timp la interviul pe care l-aţi programat.

Asiguraţi-vă că aveţi măcar o idee de bază despre domeniul de activitate pentru care recrutaţi, sau dacă nu aveţi, atunci faceţi rost de materiale ajutătoare. Imaginaţi-vă că recrutaţi un IT Helpdesk şi dvs. nu puteţi face diferenţa între servere, staţii de lucru şi echipamente periferice. Sau imaginaţi-vă că recrutaţi un contabil şi dvs. confundaţi închiderea de TVA cu înregistrarea unei facturi.

Îmi amintesc că aveam de selectat un programator. Am citit cu atenţie profilul, am căutat candidaţi şi mi-am dat seama că nu există potrivire 100% (ce surpriză!). Cum puteam eu să fac diferenţa dintre un om valoros şi un om superficial, într-un domeniu pe care nu-l cunosc? Nu puteam face asta singură. Atunci m-am întreptat către hiring manager şi l-am rugat să-mi dea mai multe puncte de reper şi un set de întrebări tehnice pe care să le pun tuturor candidaților intervievați. Acelor candidați le spuneam cu sinceritate că eu nu voi putea evalua răspunsul lor la acele întrebări, dar îmi notez întocmai și selecția pentru lista scurtă o voi face împreună cu hiring manager. Am auzit apoi că atitudinea mea a fost apreciată de candidați, deci puteți încerca.

Asigurați-vă și că aveți „planul B" pentru situația în care răspunsul candidatului la una din întrebările dvs. nu este relevant sau pentru situația în care candidatul încearcă să-l evite.

Toate acestea vă proiectează imaginea de profesionist asupra candidaților și vă sporesc eficiența interviului deoarece vă ajută să vă concentrați asupra aspectelor cu adevărat importante ale procesului de selecție, fără perturbări inutile.

4. Evitaţi clişeele

Aţi citit numeroase cărţi, articole şi tratate care vă învăţau „10 întrebări" ce garantau succesul unui interviu. În acele momente vi le-aţi însuşit cu entuziasm şi le-aţi şi aplicat o perioadă, cel mai probabil până ce aţi întâlnit al 5lea candidat care v-a furnizat acelaşi răspuns. Da, aţi ghicit – există şi cele „10 răspunsuri" care să te asigure că vei fi angajat.

Acum că toată lumea vă cunoaşte secretul, ce e de făcut? Pentru început, formulaţi-vă propriile întrebări în funcţie de situaţia concretă în care vă aflaţi şi evitaţi să le copiaţi de prin vreo carte.

Apoi evitaţi pe cât posibil clişeele sau dacă sunteţi nevoiţi să le folosiţi, faceţi acest lucru cu simţul umorului şi nu ca şi cum ele ar fi adevărul absolut pe care numai dvs. îl deţineţi.

Să ne imaginăm că încep un interviu pentru un post de recepţionist în cadrul unei companii multinaţionale şi să presupunem că toţi paşii anteriori sunt respectaţi. Candidatul/-a din faţa dvs. are experienţă relevantă, îndeplineşte în mare criteriile de selecţie şi se arată interesat de postul în cauză. În general se alocă 45- 60 de minute pentru un interviu, iar dacă ne gândim că şi candidatul are de pus întrebări, timpul este de obicei insuficient.

Aşa că prima greşeală ar fi să irosiţi primele 10 minute discutând despre vreme. Da, unele cărţi vă sfătuiesc să „dezgheţaţi atmosfera" astfel, dar.... ce ar fi dacă aţi dezgheţa atmosfera în mod util cu „vă mulţumesc că aţi venit şi sper că indicaţiile mele v-au fost de ajutor în a ne găsi uşor". Dacă vi se răspunde „de fapt m-am pierdut pe la............." atunci poate revedeţi indicaţiile de localizare, spre exemplu.

În acest caz concret o întrebare inutilă este şi „unde vă vedeţi peste următorii 5 ani?". Mult mai potrivit ar fi „sunteţi dispus/-ă să lucraţi pe acest post cel puţin 18 luni?" – de fapt asta vă interesează pe dvs. ca angajator, nu?

O altă întrebare care era destul de vehiculată este „ce salariu vă doriți?". Personal am răspuns odată la această întrebare cu „15000 de euro". Doamna din fața mea s-a arătat extrem de surprinsă și atunci i-am spus „m-ați întrebat ce salariu vreau, nu pentru ce salariu aș veni să lucrez la compania dvs." . Evident că nu am fost selectată atunci pentru acel post, dar după ce am plecat de la acel interviu nici nu mi-l mai doream. Atenție deci la cum formulați întrebările; mai bine scrieți-le pe hârtie din timp, astfel ca înainte de interviul propriu-zis să aveți timp să le treceți în revistă și să faceți eventuale ajustări.

La fiecare interviu la care am participat în perioada 2003 – 2006 m-am amuzat când eram rugată să enumăr 3 defecte sau 3 puncte slabe ale mele și la fiecare am răspuns invariabil că am venit acolo pentru a mă angaja și astfel prefer să discutăm punctele mele forte, care mi-ar aduce postul în discuție. Știu că este una din întrebările standard, dar ea a început să primească răspunsuri standard de genul „un mare defect al meu este că sunt un perfecționist iremediabil". Candidații nu vă vor „servi" adevăratele lor defecte doar pentru că îi întrebați deschis și de cele mai multe ori veți primi un răspuns evaziv care nu vă va aduce nici o informație cu adevărat valoroasă, așa încât vă sugerez să găsiți alte întrebări care să vă conducă la descoperirea a ceea ce dvs. ați considera a fi defectele unui candidat.

Un ultim exemplu de clișeu folosit pe scară largă este acela al șefului problematic. Această întrebare este pusă sub diverse forme, de la „povestiți-mi vă rog despre un șef al dvs. pe care îl considerați ca fiind cel mai greu de suportat" și până la formulări mai subtile de genul „povestiți-mi o situație conflictuală pe care ați avut-o cu șeful dvs. și cum s-a rezolvat aceasta". Înțeleg pe deplin dorința recruiterului de a descoperi dacă actualul candidat și viitorul său potențial șef pot lucra împreună, dar chiar v-ați dori un angajat care își denigrează oricare dintre foștii săi superiori? Acesta va fi răspunsul pe care îl veți primi în 90% dintre cazuri sau din partea tuturor candidaților cu puțină experiență de interviu și cu puțină diplomație. Ei vor spune fie „conflict este mult prea mult spus", fie „sigur că am avut și divergențe de opinie dar...." sau „nu am avut niciodată un conflict cu nici unul din șefii mei", ceea ce nu vă spune nimic din ceea ce doriți să aflați.

Vă sugerez astfel să utilizați un fragment de interviu situațional sau un assessment center pentru a descoperi eventualele probleme de compatibilitate.

5. Fiți sincer

Din dorința de a atrage candidați (și viitori angajați) cât mai performanți și mai pregătiți, mulți angajatori supra-licitează fie caracteristicile postului, fie situația reală a companiei, ceea ce crează frustrări post-angajare multor candidați. Am sfătuit și candidații, în capitolul anterior, să pună întrebări edificatoare, dar și o atitudine proactivă din partea dvs. ca angajator ar ajuta foarte mult.

Cea mai des întâlnită astfel de eroare este „umflarea" caracteristicilor postului. Întâlnim astfel multe posturi de secretară și operator-calculator, de exemplu, cu cerință obligatorie pentru studii superioare, când de fapt studiile medii ar fi suficiente. Întâlnim posturi de „facturistă" intitulate „operator calculator" sau posturi de „funcționar economic" pe care sunt angajați economiști cu studii superioare. Pe termen lung aceste anomalii crează frustrări și aștepări nerealiste. Este adevărat că până nu foarte demult oamenii puteau accede cu mai mare uşurinţă la nişte posturi „mai bune" dacă pe cartea de muncă aveau trecute titulaturi din grupa posturilor cu studii superioare şi anumiţi angajatori au acordat asemenea facilităţi angajaţilor lor. Am întâlnit astfel o persoană care era menajeră dar în contractul său individual de muncă scria „programator" pentru că avea un astfel de atestat şi dorea „experienţă în domeniu". Încercaţi deci să păstraţi o imagine cât mai realistă a posturilor din compania în care lucraţi, printr-o concordanţă între fişa postului şi titlul acestuia deoarece vă maximizaţi şansele de a atrage **şi reţine** candidaţii potriviţi.

O altă supralicitare frecventă este sistemul de evaluare a performanţei. Sunt puţine companii care au aşa ceva dar sunt foarte multe care vorbesc despre aşa ceva cu potenţialii angajaţi. Imaginaţi-vă că sunteţi dvs. la interviu şi aflaţi despre viitorul angajator că „încurajează performanţa şi doreşte să menţină un climat de echitate faţă de angajaţii loiali şi eficienţi".

Probabil veți pleca gândindu-vă cu plăcere la obiectivele pe care le veți îndeplini și la recompensa performanței dvs. După ce veți fi angajat, constatați că nu există nici un set de obiective și că singurul mod în care compania vă recunoaște performanța este că șeful vă poate propune o mărire de salariu cândva. Sigur, angajatorul nu a mințit; nu a menționat nici un sistem de evaluare a performanței, nici un sistem de bonusare, se poate spune că a fost foarte sincer. Dar oare, vă putea zugrăvi o imagine mai aproape de realitate? Să revenim la dvs. ca angajator: oare ce va înțelege candidatul dacă dvs. i-ați spune „compania noastră încurajează performanța și dorește să mențină un climat de echitate față de angajații loiali și eficienți și pentru aceasta avem încredere deplină în managerii noștri, mai ales că până acum nu am implementat un sistem complet de evaluare a performanței deoarece suntem o companie mică; la începutul fiecărui an, managerii noștri se întâlnesc și decid cui să acorde o majorare de salariu pentru a-i răsplăti rezultatele anului trecut". Comparaţi acum cele 2 fraze şi analizaţi diferenţele de mesaj şi de conţinut.

Închei acest punct cu „perspectivele de promovare". Aşa cum toţi candidaţii au învăţat că trebuie neapărat să fie ambiţioşi şi să-şi dorească promovarea dacă vor să fie selectaţi aşa şi toţi angajatorii au învăţat să anunţe perspectivele minunate de dezvoltare şi promovare din cadrul companiilor lor. Problema este că acestea nu sunt nelimitate şi că evident, nu toată lumea va accede pe scara ierarhică. Chiar şi companiile multinaţionale cu experienţă de zeci de ani întâmpină probleme în a acorda tuturor ambiţioşilor oportunităţile de carieră pe care şi le doresc, iar problema se complică atunci când vorbim de o companie mică şi limitată ca arie geografică. De ce să creaţi aşteptări de carieră nerealiste şi să deschideţi poarta frustrărilor pentru noii dvs. candidaţi? Cel mai bine este să le prezentaţi situaţia reală şi să-i asiguraţi că la momentul la care ei vor fi pregătiţi pentru următorul pas al carierei, îi veţi sprijini şi dacă acesta se va întâmpla în afara companiei, le veţi ura succes şi speraţi că undeva în viitor vă veţi întâlni din nou. Da, exact asta am vrut sa spun. Oamenii valoroşi, care cresc, vor creşte şi mai mult decât compania le poate oferi. De ce să le limităm posibilităţile doar din egoism? Un om supracalificat se va plictisi şi oricum va pleca.

De-a lungul experienţei mele profesionale am aplicat acest principiu şi am avut numai de câştigat, mai ales când foştii angajaţi s-au întors în companie pe o poziţie superioară, pentru care acum erau pregătiţi. Sinceritatea vă va creşte notorietatea şi va avea un impact pozitiv major asupra actualilor şi viitorilor dvs. angajaţi şi puteţi începe chiar de la anunţul de recrutare.

6. Folosiți eficient timpul de interviu

Am făcut pe scurt referire la acest aspect și la capitolul privind respectul acordat candidaților, dar cred că este un punct foarte important, la care merită să ne referim separat.

Se întâmplă destul de des ca interviul să fie perceput ca un joc; ca o înșiruire de întrebări capcană care să ne arate la final „adevărata față" a candidatului – ceea ce el nu ar fi vrut să ne transmită, dar noi am fost suficient de inteligenți și am aflat. Și în febra jocului, unii dintre intervievatori se pierd ei înșiși în întrebările capcană; iar dacă au de a face cu un candidat care și-a dat seama de tactică și ripostează (de exemplu prin întreruperea ritmului), atunci se pierd complet.

Sigur că un astfel de interviu cu întrebări capcană poate fi extrem de util dacă este condus corespunzător. Așadar fiți sigur că-l puteți duce la bun sfârşit înainte de a-l începe, ori după cele 45-60 de minute veţi constata că aţi aflat mai multe lucruri despre dvs. decât despre candidat. Este nevoie de multe ore de interviu şi de mulţi candidaţi selectaţi, pentru ca un recruiter să poată aborda o astfel de tactică. Altfel, este ca şi cum un şofer începător ar dori să testeze un Ferrari. Sigur, lui i se poate părea că l-a testat, dar asta nu înseamnă că a realizat ceva notabil, raportat la potenţialul maşinii.

O altă eroare frecventă este curiozitatea personală a intervievatorului. Ceva din CVul candidatului v-a atras atenţia şi deşi nu are legătură directă cu postul vacant, pierdeţi timpul punând întrebări în acest sens. Astfel aveţi cel puţin 2 dezavantaje:

    a. nu veţi mai avea timp suficient pentru întrebările cu adevărat relevante

    b. unii candidaţi pot fi deranjaţi şi pot riposta foarte direct („ce legătură are asta cu postul?"). Desigur şi candidaţii ar trebui să includă în CV doar informaţii relevante şi atunci este posibil ca şi dvs. să reacţionaţi „sincer, nu ştiu, dar dacă aţi inclus-o în CV m-am gândit că trebuie să aibă o legătură". Şi acum, exact ca în celebrul banc, amândoi aveţi dreptate, dar situaţia nu este în avantajul nimănui. Mult mai util ar fi fost să discutaţi la obiect.

Amintiţi-vă în orice moment care este obiectivul cu care dvs. aţi intrat în interviu. Ce doriţi dvs. să aflaţi de la şi despre candidatul respectiv? Eficienţa ţine de atingerea acestui scop în timp util. Unii colegi ai mei scriau acest obiectiv pe fişa interviului şi spuneau că astfel aveau posibilitatea să-l recitească pe parcursul interviului şi acest lucru îi ajuta să rămână pe direcţia dorită. Este important să aveţi tot timpul clar în minte scopul.

Tot aici putem discuta şi de candidaţii care vorbesc foarte mult şi nestructurat. Un candidat este întrebat de lucrarea de dizertaţie pe care a susţinut-o la Berlin şi el ajunge să vă povestească de cafeneaua din turnul Televiziunii Germane. Încă şi mai rău pentru dvs. este că face asta cu atâta umor şi dezinvoltură încât aţi şi uitat ce l-aţi întrebat. Este rolul dvs. să conduceţi această secţiune de interviu şi astfel să ajutaţi candidaţii să vă răspundă cât mai concis la întrebări pentru a vă da posibilitatea de a mai formula şi alte întrebări până la finalul interviului. Este de asemenea şi în interesul candidatului ca dvs. să aflaţi ceea ce vă interesează până la finalul interviului. Asiguraţi-vă, deci, pe cât posibil, că discuţia nu deviază prea mult.

7. Fiţi conştient de mediul în care lucraţi

În orice moment al vieţii dvs. profesionale ar trebui să fiţi conştient de trăsăturile mediului în care activaţi, dar acum cu atât mai mult, mai ales dacă ne gândim la sintagma „omul potrivit la locul potrivit" ca motto pentru orice departament de HR. Pentru a aduce laolaltă indivizi care mai apoi să lucreze ca o echipă, acest lucru este esenţial. Pare puţin ciudat să mă refer la acest lucru aici, când de fapt, la nivel teoretic, el pleacă încă de la proiectarea posturilor, dar de cele mai multe ori specificaţiile posturilor lasă loc de interpretări. Acolo, în zonele în care există un spaţiu de manevră cât de mic, este bine să vă amintiţi exact mediul pentru care recrutaţi.

Dacă recrutaţi pentru o bancă, de exemplu, un mediu puternic reglementat de proceduri şi norme, ar fi bizar să căutaţi o persoană cu spirit antreprenorial accentuat.

Dacă dimpotrivă recrutați pentru o agenție de marketing aflată la start-up, atunci va trebui să evitați candidații care se simt în siguranță numai lucrând cu proceduri ferme.

Foare util este să faceți corelația și cu atmosfera departamentului și tipologia managerului direct al postului pentru care recrutați. Nu este suficient să angajați cel mai bun candidat din punct de vedere profesional, dar care datorită personalității sale să înebunească pe toată lumea în decurs de 2 luni de la angajare și în același timp să acumuleze frutrări majore pentru că simte că nu se poate integra în echipă. Chiar dacă efectele nu vor fi total negative, sigur performanța echipei va avea de suferit și este posibil ca pe termen mediu noul angajat să caute altceva.

Se poate întâmpla și ca fostul candidat – actualul nou angajat frustrat să creadă că l-ați indus în eroare în mod premeditat și atunci imaginea dvs. de profesionist poate avea de suferit. Poate că dvs. nu ați avut această intenție, dar în mod cert i-ați furnizat informații eronate sau incomplete și acum nici nu mai contează atât de mult de ce s-a întâmplat acest lucru, ci doar că s-a întâmplat. Acest lucru este cu atât mai important cu cât presiunea angajărilor crește. Am aflat cu toții de la cursurile de marketing că „reclama e sufletul comerțului" sau că „ambalajul vinde marfa" și am văzut cum aceeași realitate poate fi descrisă în moduri mai mult sau mai puțin atrăgătoare. Apoi performanțele oamenilor de HR au început să fie măsurate și în funcție de durata recrutării și atunci apare firească dorința de a picta tabloul de companie în culori cât mai calde. Trebuie însă să ne abținem de la a omite detalii importante sau de la a „încălzi" prea mult culorile pentru că ne facem singuri rău pe termen lung. În corelație cu punctul 5 al acestui capitol, referitor la sinceritate, trebuie să spun că și ignoranța costă.

Pe termen scurt, ați putea bifa o angajare rapidă. Felicitări! Pe termen mediu, o personalitate mult prea diferită, într-un mediu care nu valorizează diversitatea, va conduce spre un angajat care pleacă și atunci o veți lua de la început. De aceea sfătuiesc pe toată lumea să aleagă cu grijă; nu ne potrivim oriunde, în orice etapă a vieții și a carierei noastre și cel mai corect este să ne îndreptăm spre locurile care ne oferă un mediu de dezvoltare, nu unul de inhibare. Nu trebuie să ne reinventăm complet pentru fiecare nou job; nu trebuie să "spălăm creierul" noilor angajați – este mult mai bine să-i alegem pe cei care prezintă predictibilitate de integrare pozitivă.

8. Evitați discursurile cu păreri personale

Am ajuns la un subiect care provoacă furie și frustrări multora. Din păcate doar aceia dintre recruiteri care au mai trecut prin interviuri și în calitate de candidați se mai gândesc la acest aspect. Spuneam mai sus că timpul alocat interviului nu este niciodată suficient. Spuneam că sunt multe lucruri de aflat despre candidat și că uneori este foarte dificilă descoperirea unora din trăsăturile relevante, mai ales când candidatul depune efort în a le ascunde pentru moment. Atunci, de ce oare, în calitate de intervievator, ne-am lansa în discursuri? De ce am pierde timpul pentru a emite păreri personale cu privire la un subiect sau altul?

Sigur, există răspunsuri multiple la această întrebare și poate unele din ele sunt chiar îndreptățite, dar să nu pierdem din vedere de ce ne vedem cu acel candidat. Nu l-am chemat acolo doar ca să ne satisfacem curiozități personale. În plus, pentru cei mai mulți dintre candidați discursul interminabil doar îi va enerva.

Sigur, putem testa candidatul și putem să oferim iluzia unei păreri personale, chiar contradictorie de la un minut la altul, pentru a vedea dacă avem de a face cu un om care își susține punctul de vedere sau nu, sau pentru a vedea cum iese dintr-o situație mini-conflictuală.

Dar acest lucru este total diferit de a vorbi minute în șir despre subiecte de interes personal pentru intervievator. Scopul interviului este acela de a contribui cu informații relevante, la procesul de selecție al candidaților. Dacă dvs. țineți o prelegere, ce informații veți putea culege? În timpul interviului trebuie să jucați un rol, cu scopul bine definit de a vă contura o imagine cât mai exactă despre candidatul din fața dvs.

Îmi amintesc un domn pe un post important care susținuse un interviu cu o colegă de breaslă și care îmi spune "nu prea m-a impresionat doamna X la interviu". "De ce?" am întrebat eu. "Mi-a pus întrebări stupide, despre lucruri elementare și după o vreme uita ce-i spusesem". Doamna la care se face referire știa foarte bine ce face. Întrebările pe care le punea ținteau cunoștințele candidatului, iar momentele de "amnezie" vizau chiar reacția domnului. În mod surprinzător, domnul nu și-a dat seama, nici măcar retrospectiv, și credea că are el suficiente date de a evalua intervievatorul, fără să ia în calcul rolul pe care acesta îl joacă. Este și acesta un indicator important despre stadiul dezvoltării profesionale a candidatului.

Ce este important să reținem din acest capitol, este că la interviu, avem de aflat lucruri, prin urmare, vorba proverbului "avem 2 urechi și o singură gură, ca să ascultăm mai mult și să vorbim mai puțin".

9. Luați notițe

Notați-vă cu frenezie orice vă răspunde candidatul. De la problemele cu copiii, la task-urile din proiecte, de la structura departamentului, până la personalitatea șefului, totul va putea la un moment dat să vă ajute la decizie.

În timpul interviului, ați putea evalua competențe. Dacă vă notați numai rezultatul, veți uita apoi ce v-a ghidat spre concluzia respectivă, iar dacă veți întâlni 2 candidați cu rezultate egale, nu veți avea suficiente argumente de departajare.

Așadar, pe scurt: luați notițe cât mai detaliate și cât mai multe. Vă vor ajuta sigur mai târziu, după ce veți fi văzut 10 candidați, câțiva dintre ei cu experiențe similare, în mod cert vă veți uita la CVuri și veți încerca să vă amintiți detalii. Atunci când criteriile par să producă un scor egal și când avem nevoie de detalii suplimentare, dacă nu avem notițe, memoria va fi greu încercată.

Dacă însă vă luați notițe detaliate, vă veți aminti mai ușor discuțiile și nuanțele și vă va fi mult mai ușor să departajați candidații.

10. Zâmbiţi

Am lăsat pentru la urmă acest detaliu de mare impact.

Zâmbetul este utilizat dintotdeauna, cu varii semnificaţii, în oricare cultură pământeană, cel puţin. 17 muşchi contribuie la crearea unui zâmbet, care este o trăsătură exclusiv umană, care în general denotă bună-dispoziţie, şi care stimulează creierul să producă endorfine, "hormonul fericirii". Cu alte cuvinte, un zâmbet discret, nu numai că proiectează o imagine mai prietenoasă, dar vă şi ajută să vă simţiţi mai bine.

Imaginaţi-vă că sunteţi candidat şi că la interviu, interlocutorul dvs. vă vorbeşte cu un soi de grimasă şi cumva încruntat. Totul denotă încordare, presiune, disatisfacţie. Vă veţi întreba dacă starea acută de discomfort vi se datorează? Vă veţi întreba dacă aşa se comportă lumea în general în acea companie? Veţi avea oarecari îndoieli despre respectivul loc de muncă?

Dacă ați răspuns cu "da" la oricare dintre întrebările de mai sus, atunci să fiți convinși că și interlocutorii dvs. se vor simți la fel.

Dar dacă ați zâmbi puțin, nu exagerat, nu fals, doar puțin, cât să-i puteți transmite candidatului ideal mesajul că vă bucurați să-l cunoașteți; cât să puteți crea o atmosferă lejeră în timpul interviului; cât să vă asigurați că atenția candidatului se concentrează pe subiectul discuției și nu pe motivele dvs. de supărare.... Oare cum ar fi? Oare candidatul s-ar simți puțin mai în largul său? Oare va spune el/ea că se bucură să vă cunoască? Oare va fi mai deschis cu răspunsurile și mai darnic cu informațiile furnizate? Oare va contribui asta puțin la dorința sa de a se alătura echipei dvs.?

Candidatul nu este niciodată un adversar, ci un partener de discuție. Dvs. nu trebuie "să-l prindeți" sau să-l încolțiți, ci doar să vă edificați. Oferiți-i un zâmbet;

oferiți-vă dvs. înșivă un zâmbet, în oglindă, înainte de fiecare întâlnire, și apoi consemnați efectele.

www.ingramcontent.com/pod-product-compliance
Lightning Source LLC
Chambersburg PA
CBHW051338170526
45166CB00002B/865